Gedichte

Naemi Ntanguen

Die Deckung fallen lassen

Die Deckung fallen lassen

Naemi Ntanguen

Bibliografische Information der Deutschen Nationalbibliothek: Die Deutsche Nationalbibliothek verzeichnet diese Publikation in der Deutschen Nationalbibliografie; detaillierte bibliografische Daten sind im Internet über dnb.dnb.de abrufbar.

Grafik: kwasibanane, Freiburg

Verlag: BoD · Books on Demand GmbH,
Überseering 33, 22297 Hamburg, bod@bod.de

Druck: Libri Plureos GmbH, Friedensallee 273, 22763 Hamburg

ISBN: 978-3-8192-4402-5

Für meine Freunde

Spaghetti kochen

Wenn ich Spaghetti koche
dann kocht mein Kopf mit
mein Kopf kocht jede Woche
allein, zu zweit, zu dritt
mein Kopf kocht mit

Es brodelt im Topf
nach acht Minuten sind die Spaghetti fertig

Es brodelt im Kopf
die Gedanken sind allgegenwärtig

Wenn ich Spaghetti esse
dann esse ich mit der Soße
die Soße tropft
und selbst auf dem Teppich sind mittelgroße
Flecken

Aufgegessen, aber gedankenbesessen

**Eine Motte ist eine Motte
ist eine Motte …**

Auf meiner Schulter in der Mitternachtssonne
badet und rekelt sich voll Wonne
eine silbrige Motte

Ich habe mich nie so sentimental gefühlt
über ein Ding so sattsam bekannt
du hast mein Leben übermütig durchwühlt
doch mein Blick bleibt dir standhaft gebannt

Die Luft ist langsam abgekühlt
und meine Hand beginnt zu zittern
dann bist du zurück in deine Grotte
und ich bleibe zurück im Bitteren
aber eine Motte ist eine Motte ist eine Motte …

Ich habe dir heute mein Gedicht gezeigt

Ich habe dir heute mein Gedicht gezeigt
ich bin gespannt auf deine Reaktion
aber dein Blick krümmt sich und schweigt
wer kennt das schon?

Man will immer solche Gedichte schreiben
die einem das Wasser in die Augen treiben
aber eigentlich hat man nichts zu sagen
und die Wörter verursachen nur tausend Fragen

Ich gräme mich dann
weil ich nichts kann
und wenn ich dann allein bin
und mir kommt ein Gedicht in den Sinn
dann halte ich es nicht mehr fest
sondern warte, dass es mich wieder verlässt

Bahnhof im Herbst

Im gelben Festtagskleid
trudeln in kleinen Kreisen
Blätter auf rostigen Gleisen
wie alle mit zu viel Zeit

Sie taumeln auf ihren Wegen
und tänzeln im rastlosen Wind
im Nebel, in Wolken, im Regen
bis das Wasser im Gully verrinnt

Im Bahnhof des Herbstes stehen Eichen
doch kaum einer schaut auf den Stamm
sie beobachten lieber die gleichen
Tänzer durch die Scheiben der Tram

Ein Apfelbaum

Ein Apfelbaum, der keine Äpfel bringt
bleibt ein Apfelbaum
denn wenn eine kleine Amsel singt
von einem längst vergessenen Traum
dabei im Schatten seiner Zweige springt
dann verliert sich die Zeit
in Sorglosigkeit

Der Abwasch

Ich will mein dreckiges Geschirr NICHT
spülen, es türmt sich und wartet
ist es wirklich meine Pflicht
zuzusehen, wie sie entartet?
meine Haut ganz aufgeweicht
einer Schrumpelrosine gleicht

Ich kann, ich soll, ich muss
tätig, ja gar emsig sein
und wenn das Wasser fließt im Guss
rubbeln, dass es glänzt im Schein

Das Geschirr scheint unschuldig
plagt mich doch so fürchterlich
jeden Tag soll ich mich kümmern
ach, ich würd's so gern zertrümmern

Pflanzen in Zimmern

Pflanzen sind nicht für Zimmer gedacht
das Blatt deiner Pflanze löst sich sacht
und du sollst sie gießen im Schwall

Und schwingst du weit die Fenster auf
um Licht zu stürzen auf ihr Haupt
bringen Winde dein Zimmer zu Fall

Die Zimmer sind furchtbar vollgestellt
mit Zeug, das niemand will
und hat sich ein Pflänzchen hinzugesellt
lebt es eine bedrückende Welt:
es leidet für sich still

An den Wänden hat gelbes Band
kleine Karten gehängt
in dem Regal ein Buch vom Strand
die Reise längst verdrängt

Stattdessen nun ein grüner Begleiter
mit dem man sich wohl versteht
und trotzdem plappert man immer weiter
während dieser leise vergeht

Vögel

Er schüttelt sich von der Steifheit der Nacht frei
doch versucht er auch nur einen winzigen
Flügelschlag
hängen die Federn schwer wie Blei
genauso beginnt wie gestern derselbe Tag

Ein schriller Schrei aus rostig rotem Schnabel
der über tausend Meter hallt
ist wie ein Traum, der miserabel
gegen taube Ohren knallt

Doch plötzlich
wenn ein kleines Mädchen sich traut
und steckt ihre Fingerchen durch das Gitter
dann hat er ihr tief in die Augen geschaut
und ihre Tränen vermischen sich bitter

Ein Vogel frei wie ein Knastologe
der in wildesten Kreisen schwirrt
ist wie ein Tänzer der in der Woge
sich im Allerinnersten verirrt

Handpan-Sein

Da ist nur ein bisschen mehr
vom Moment und dann kontrollierbar kaum
gleiten die Töne von selbst durch den Raum
und das geht hin und her
der Rhythmus wird voll
und der Kopf wird leer
Doch ich lausche ganz klein
in mich hinein
versunken in mein Handpan-Sein

Wer kann sagen, was Einsamkeit ist?

Wer kann sagen, was Einsamkeit ist?
etwa ein altes Telefon
das alle Leitungen zerfrisst
und mit Wackelkontakt in der Navigation
man kann weder sprechen
noch kann man empfangen
und mit den öden Tastenflächen
kann man zu keinem Ort gelangen
man will's am liebsten nur zertrümmern
aber es ist die einzige Möglichkeit
nicht vollkommen zu verkümmern
und so verbringt man seine Zeit
mit diesem alten Telefon

Die Schwestern

Sieh!
Das sind die Schwestern, sie leben
in den Tag hinein, umgeben
von weichgelbem Morgenlicht

Wie schimmern sie rein im eigenen Sein
und gleichen sich bis ins Detail hinein

Sie fürchten sich nicht

Denn in jede Richtung ziehen ihre Reisen
Süden, Osten, Westen und Norden
und so formen sie sich in ihren Weisen
und sind zu ihrem Gemüt geworden

Erst am Abend
wenn sie sich müde nach dem anderen sehnen
und Schulter an Schulter lehnen
dann haben sie nichts mehr gemein
außer ihrem edlen schimmernden Schein

Ein kleiner Hase

Ein kleiner Hase
rennt, wenn es brennt
hoppelt, hoppelt, hoppelt
hoppelt und flennt

Sein Zuhause ist verglüht
Glut, glüht, am glühendsten

Hörst du den Hasen weinen?
die Flammen in seinen Äuglein scheinen

Ein kleiner Hase
ein kleiner Hase
stellt sich der Welt
wenn alles zerfällt

Er weiß, du warst es
und jetzt schau
auf dein Aschewerk
knisterndes Grau

Lass dir eines sagen:
er wird dich jagen!

Schwarze Katze

Ich sah dich in einer schwarzen Katze
buschiges Haar, giftgrüne Augen
und Krallen, die zu gar nichts taugen
dafür das Gesicht einer grausamen Fratze

Du bist im Finstern frei
um die Häuser geschlichen
aber selbst die Nacht ist vor dir gewichen
vor deinem spitzen Schrei

Ich weiß es noch so genau
denn ich war furchtbar entsetzt
deine Nase erst lila, grün dann blau
und dein linkes Ohr völlig zerfetzt

Die Kirchenglocken schlagen
und man sieht, wie die Zeit verrinnt
die anderen üben sich im Beklagen
während deine Nacht erst beginnt

danach tritt Stille ein
dein Schatten verblasst in den Gassen
und ich habe winzig klein
die Augen von dir gelassen

Meine Pflanze schaut mich an

Meine Pflanze schaut mich an
mit sanfter Stimme fragt sie
ob ich sie bitte gießen kann
ich mache das wirklich nie
ich vergesse immer, meine Pflanze zu gießen
aber manchmal in der Nacht höre ich
wie neue Zweige sprießen
sie sind gelb, verschnörkelt, so sacht
und ich frage mich dann
wie meine Pflanze das macht
und ziehe sie an mich heran
und flüstre heimlich in ihr Ohr:
»wer ohne Wasser wächst
und bringt sogar neue Zweige hervor…
sag mir, der ist doch verhext
wie kannst du meine Pflanze sein?
mir reicht ein Brunnen nicht zum Wachsen
neben dir fühl ich mich schwächlich und klein
dabei bin ich doch schon erwachsen«

Die Rollschuhe

Der Vorsatz: Zwischen zwei Seiten
die in unterschiedliche Richtungen gehen
so als würde man auf Rollschuhen gleiten
die stocksteif im Zimmer stehen

Schon seit Jahren wirkt ein großer Wille in ihnen
während er doch schläfrig auf sich beruht
und er kann sich selbst nicht dienen
denn es fehlt ihm jeder Mut

Die Rollschuhe in der Ecke
sie erinnern an, was niemals war
und sie fuhren eine ganze Strecke
vielleicht letztes oder kommendes Jahr

Immer wieder Dinge tun

Immer wieder Dinge tun, die verboten sind
sie sind verboten, weil du-weißt-schon-wer das sagt
aber ich mache es ganz geschwind und hoffe
dass bloß keiner fragt

Immer wieder diese Dinge tun
weil sie schön sind
SCHÖNE DINGE SIND TABU
aber ich mache sie trotzdem

Und du?

Meine Nerven liegen für dich frei

Meine Nerven liegen für dich frei
so, dass du über sie fahren kannst
mit den Spitzen deiner Finger
mein Atem bricht sich im Geschrei

Aber meine Lider halten die Stellen
bedeckt, damit ich nicht sehe
wie ich dir gegenüberstehe
und wie ich abklinge in sanften Wellen

Jetzt bin ich stumm
jetzt kann ich nichts mehr fühlen
kann mich nicht mehr bewegen
und warum?

Weil ich selbst es war, die die Nerven freilegte
weil ich selbst es war, die über sie fuhr
und jetzt denke ich nichts als nur
an dich

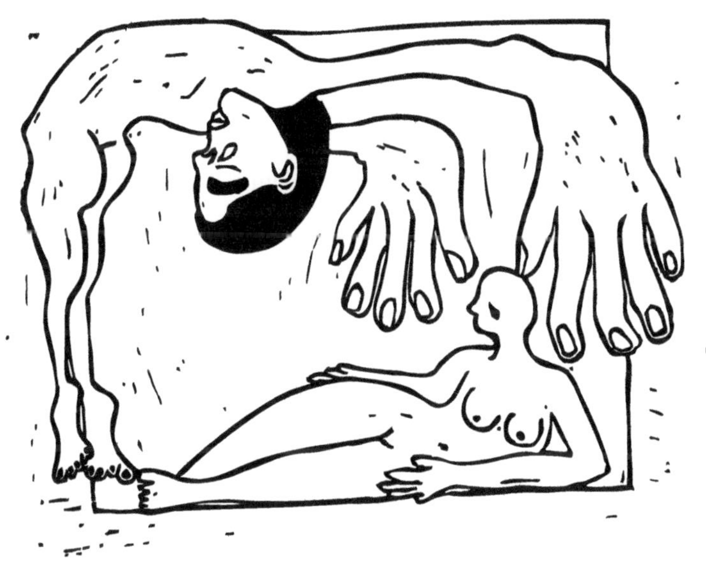

Nichts 1

Ich starre die Decke an
ich glaube nicht an den Tod
noch weniger an das Leben
ich glaube an nichts
was kann es denn schon geben?

Ich schlucke
das Nichts ist so groß
und doch liegt es in meinem Schoß
das Nichts ist so klein
niemals passt es in die Erde hinein

Ich will mit dem Nichts plauschen
bis spät in die Nacht
ich will, dass es über meine Witze lacht
und ich will, dass es schüchtern meine Hand nimmt
und dann in mir verschwimmt

Verstecken

Verstecken hinter sich selbst
und im Schwarzen stehen
oder einfach schwarzsehen

Suchen nach sich selbst
die Augen aufgerissen
als ob die Augen alles wären
versuchen, das Wirrwarr zu klären

Die Hoffnung? – weggeschmissen
keine Chance
hier bleibt jeder allein
KEINE. CHANCE.
Sich selbst sein Versteck sein

Von verstorbenen Träumen

Du wirst über mich lachen, aber
du bist mir schon wieder im Traum begegnet
im Traum war es dunkel, es war verregnet
und dennoch
sitze ich hier…
rede mit dir…
ein weiter, nasser Moment
der keinen Tod kennt

Und ich frage dich:
sind wir am Leben?
und damit ich nicht friere, hast du mir deinen Pulli
gegeben

Alles scheint in sich selbst vollkommen
und auch du spürst diese Verschiedenheit
Ich glaub, du hast mir meine Bedenken genommen
denn zu zweit sind wir das Gegenteil von
Einsamkeit

Und deine Hand streift meine Hand
du lächelst und ich fand
uns unheimlich beseelt

Ich mag lieber nicht mehr

Ich mag lieber nicht mehr
sein
in dem uralten Wehen vom Wald
und hier hörst du die Blätter rauschen
und dort kannst du den Vögeln lauschen

Ich mag das lieber nicht mehr
es hat sich ausgewaldet

Jeden Tag Knisterndes im Gehölz
Jeden Tag trampeln durch verwunschene Pfade
Ach, der Wald kennt keine Gnade
und jeden Tag diese scheue Hirschkuh
die sich in der Sonne badet

Und in all das will ich rufen: LASS MICH IN RUH!
was soll das alles, sag: Wozu?

Aber der Wald ist voller Energie
und so sehr ich auch zappelte und so sehr ich auch
schrie

Er hielt mich dicht an seine Brust
singsäuselte mich in den Schlaf
und ich?
ich füge mich ihm lieb und brav

Lass mich nicht allein
in meinen Gedanken

Lass mich nicht allein in meinen Gedanken
in meinen Gedanken
breche ich heimlich bei dir ein und schlafe in
deinem Bett
am nächsten Morgen klettere ich auf deinen Baum
und fliege weg

Lass mich nicht allein in meinen Gedanken
in meinen Gedanken
dreh ich am Rad
das Rad synchronisiert sich mit der Erdrotation
rollt über die Gleise
und wird von zwei Arbeitern beiseitegeräumt

In meinen Gedanken bin ich allein
da ist das Schlimmste grade schlimm genug
aber nimm mich nicht zu ernst
denn ich weiß nicht was das Schlimmste ist
bis es passiert

Spinnennetz

Gedanken sind dicke grauen Nebelschwaden
sagst du
und ich zählte jeden seidenen Faden
von der Netzkunst einer Spinne
in der Ecke der Regenrinne sitzt sie und lauert
lauert, lauert

Dann plötzlich:
duckt und bangt und kauert
ein kleines hilfloses Ding
gefangen
genauso wie du ab und an
und noch ehe die Nacht verging
tritt die Spinne an die Beute heran

Ich höre dich ganz leise wimmern
und ängstliches Herzschlagklopfen
ich spürte die Nebeltautropfen
die auf deinen Wangen schimmern

Die Beute wehrt sich nicht mehr
sie atmet nur schwer und matt
die Äuglein friedvoll und leer
aber die Spinne isst sich satt

Ich kann nicht mehr

Ich kann nicht mehr
weiter gehen als bis hier
habe eine Grenze gezogen
zwischen der Welt und mir

Aber wieder und wieder bist du, Welt
darüber hinausgetreten
und gegen mein Innerstes geprellt
du weißt, damit hast du die Symmetrie meines
Körpers verschoben

Und nichts kann ich mehr machen bis auf dies:
ich lege meine Arme ins Feuer
ich lege meine Beine ins Feuer
und schau zu wie mein Innerstes meinen Körper
verließ

Ein Tulpenstrauß

Ein Tulpenstrauß verwelkt behutsam
wie die langen Hälse sich sachte gen Boden neigen
und wenn sie vertieft, beieinander schweigen
demonstrieren sie anmutig der Welt
wie auch sie zerfällt

Nichts 2

Und die Menschen sind in Wirklichkeit immer weicher
als sie es dem Anschein nach sind

Aber ich bin schon dreimal gestorben

Denn das Schlimmste ist
wenn man sich wie ein Geist fühlt
und das Herz sich in der Brust bewegt
und die Erkenntnis sich in einem hegt

Dass das Nichts echt ist

Dann kann ich dir zeigen
was ich nicht beschreiben kann
dann kann ich dir erzählen
was ich nicht erinnern kann

Doch ich kämpfe dagegen an
aber ich werde nicht stärker
ich werde nur müder

Zwischen den Stühlen

Zwischen den Stühlen
will ich kein Verlierer sein
deswegen werde ich mich eines Tages
wieder wie zuhause fühlen

Raus aus der Verwirrung!
weiterziehen!

Alles klingt so viel besser
wenn du es sagst
aber du sagst auch
ich sei durchgeknallt
aber du bist durchgeknallter
in einer solchen Welt zu sein
zu sein, zu sein
einfach zu sein
und nicht nach Hause zu gehen

Warst du das?

Ich sah den Sonnenaufgang in tausend Tönen
und spürte, wie er meine Ohren kitzelt
warst du das?
dann hörte ich, wie die Magnolienknospen sich
entfalten
und meine Nase kribbeln
warst du das?

Aber ich wette, du wusstest nicht mal
dass ich dich in all diesen Dingen wiederfinde
doch du stürzt wie das Wasser eines reißenden
Flusses in meine Gedanken

Und ich frage mich:
träume ich etwa oder warst du das?

Meine Stimme

Und wenn sie dachten, sie hätten
mich beim Reden unterbrochen
dann lagen sie goldrichtig
und wenn sie dachten, sie hätten
mir meine Stimme geraubt
dann lagen sie wieder mal goldrichtig

Aber du nicht
du lässt mich immer ausreden
egal, was ich mir zu sagen erlaub
du hast ein großes Ohr für mich gebaut
und ich kuschle mich dort hinein
und darf endlich meine Stimme sein

Amsel

Es kam eine schöne Amsel her zu mir
ich frage
bist du ein Fremder oder bist du ein Geliebter?Soll
ich dich fangen oder soll ich dich befreien?
soll ich schweigen oder soll ich schreien?
soll ich sterben oder soll ich sein?

Dann sehe ich einen Amselengel zum Himmel steigen
R.I.P. kleine Amsel
ach, warum kamst du nur zu mir?
noch flogst du so hoch oben
schon gab ich eine Träne für ein Tier

Die Wunde

Ich streichle und tätschle meine Wunde
die nässt, weil der Schorf abreibt
   ich streichle
von Sekunde – zu Minute – zu Stunde
dass mir der Schmerz wegbleibt
der Schmerz hat mir meine Ideen gestohlen
und jedes Weh ist von Zeit geprägt
aber um mein Leib und Leben wiederzuholen

Muss ich hören, wie mein Herz mir schlägt
muss ich spüren, wie mein Puls mir pocht

Ich habe das immer gemocht:
   mein Blut
   meine Zeit
   meine Ideen
aber jetzt diese Wunde
von Sekunde – zu Minuten – zu Stunde
reißt sie alles mit sich

Und ich höre kein Herz mehr schlagen
und ich spüre keinen Puls mehr pochen

Jetzt hat sie nur noch sich und mich
und zusammen
können wir eine neue Wunde aufschrammen

Herzhaus

Pass auf, stell dir vor mein Herz ist ein Haus
mit Küche, Bad und Schlafzimmer
und fast jedes Mal (sagen wir immer)
wenn jemand zu Besuch kommt
dann räume ich auf
und trage das Alte den Speicher hinauf

Aber eines Tages, da kamst du
und mein Herz war plötzlich viel zu klein
da habe ich einfach einen neuen Raum für dich
arrangiert
und seitdem war ich nie wieder allein

Und du hast mir beigebracht
nichts mehr den Speicher rauf zu tragen
jeder muss sich jetzt mit der Unordnung
herumplagen

Doch ein chaotisches Herz hat Besucher mehr
als jemals zuvor
und bietet obendrein den größten Liebeskomfort

Manchmal darfst du
Gast in meinem Kopf sein

Manchmal darfst du Gast in meinem Kopf sein
dann bist du so nah, dass ich dich schon schmecken kann
du suchst mit mir einen Ausweg aus der Verwirrung
wir reden und reden uns durch knäuelige Gedanken
wir reden und reden uns durch fäuelige Gedanken

Aber wir kehren hoffnungslos in die Zeit zurück
denn zu viel reden macht oll

Dann sind wir so erschöpft, dass wir schlafen
schlafen mit offenen Augen

Denken fällt mir schwer manchmal

Denken fällt mir schwer manchmal
wenn du fragst, wie es mir geht
wie es mir geht

Wie der Nebel sich so schön auf den Asphalt legt
wie die Plastiktüte sich in der sanften Böe bewegt
wie die Krähe schreit in ihrem Revier
und alles, was sich draußen hegt
ich erzähl es dir

Aber manchmal bin ich
ein Herbstblatt
das nicht weiß
wie es sich im Winde dreht
nicht weiß, wie es verweht

Das Gras auf der anderen Seite

Es kommt einem so vor, als grünte das Grün grüner
auf der anderen Seite
aber irgendwie ist das auch nur Betrug
denn eigentlich mir scheint, als ist mein Gras grün genug

Denn ich schaue über meine Rasenweite und sehe:
Buckliges und Buntes mit jeder Menge wilden Krauts
und eine kleine Hütte, schäbig zusammengebaut
doch dann entdecke ich

                        dich!
wie du grinsend neben mir auf der Wiese liegst
und deine Schulter an meine schmiegst

Das Gras muss nicht das grünste sein
Hauptsache wir zwei sind nicht allein
(und trinken dabei ein bisschen Gänsewein)

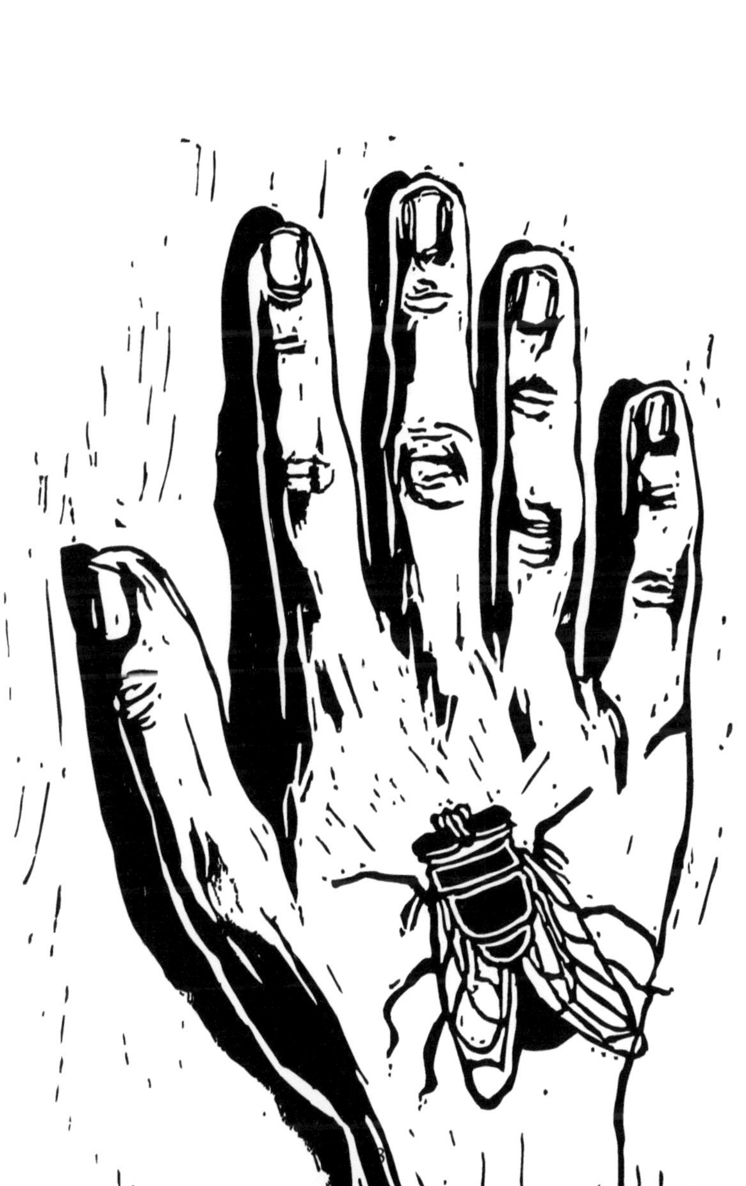

Luft in meiner Lunge

Gegen das Licht
bist du von weitem ein Schatten nur
aber du kommst näher, noch näher
und wirst zu deiner eigenen Figur

Deine Augen glitzern, als du mich siehst
und wie deine Stimme mich durchfließt

Dich zu sehen und dich zu hören
wirkt für mich so natürlich wie Luft in meiner
Lunge

Einatmen:
und jetzt ist es okay
man selbst zu sein
ausatmen:
und jetzt ist es okay
die Deckung fallen zu lassen

Und das alles nur, weil du du bist

Dein Kopf ist eine triste Welt

Dein Kopf ist eine triste Welt
darum ist es besser, dröge zu bleiben
so, wie wenn eine Wolke hinunterfällt
und man versucht sie wieder hochzutreiben

Es sind die richtigen Fragen
die musst du finden
sie fallen vom Himmel
und wehen mit den Winden
weit hinaus und raus aufs Meer
deswegen ist dein Kopf so leer

Ich rede von deinen Augen

Ich rede von deinen Augen
wenn ich frage, ob es juckt
soll ich kratzen?
dein linkes Auge zuckt
und schon kratze ich deine Augen

Nur ein bisschen scheuern an der Bindehaut
nur ein bisschen scharren über die Wasserlinie
nur ein bisschen rubbeln an den Lidern

Tut es sehr weh?
und ich kratze mit all meinen Gliedern
meine Füße in deinen Augen
meine Hände in deinen Augen
so nah will ich dir sein
bei dir allein

Was dich nicht umbringt ...

Was dich nicht umbringt, schwächt dich
du wirst danach nur noch erschwert weiterleben
du wirst immer ein Stück hinterherhinken
und die Erinnerungen aufheben
obwohl du weißt, dass sie dich ertrinken

Was dich nicht umbringt, braucht eine lange Zeit
zu heilen:
einfach schlendern, fühlen und verweilen

(Wenn du am Tod vorbeischrammst
ist es nicht die Regel zu wachsen
die Regel wäre mir lieber
sich keinen Druck zu machen
und sich konzentrieren auf die Tatsachen:
du hast es überlebt)

Wie viel ist ein Versprechen wert?

Wie viel ist ein Versprechen wert?
ein Versprechen
Wie wenn man Syphilis statt Physalis sagt.
Wenn man es ganz laut und deutlich sagt

Wenn man sagt:
Ich spüre mein Herz nicht
die ganze Zeit schlagen

Ich habe es schon mal gesagt
dreimal, vielleicht viermal
etwas versprechen
ist wie ein Versprechen

Durch den strömenden Regen

Durch den strömenden Regen
stichst du
tiefe Löcher
in diese braune Schicht

Du stichst zum Vergnügen
Du stichst, bis es bricht

Aber die Tage werden doch wieder länger,
oder nicht?
Und die Sehnsucht wird zum Hoffnungsfänger
oder nicht?

Aber das ist dann die einzige Version,
die du von dir kennst

und du flennst und du flennst
Warum kannst du dir nicht noch eine Chance geben?
hier im strömenden Regen

Damals noch war ich so scheu

Damals noch war ich so scheu
und ich hatte Angst
vor Dingen, die anders sind und neu

Aber mein Leben wird mit jedem Tag ein bisschen besser
wie ein Fisch, der langsam sprechen lernt
Ein Fisch, der flüstert in der Nacht
und er hat die Sorgen der anderen mitgebracht
und ich muss
salzige Tränen schlucken

Aber nichts ist wie es einmal war
denn damals noch war ich so scheu
und ich hatte Angst
vor Dingen, die anders sind und neu
Aber ein Fisch, der flüstert in der Nacht
und er hat mir Blumen mitgebracht

Abschied

Und ich wollte mich noch verabschieden
von dir – vom Strand – vom Leben
die Wellen verändern sich
aber das Meer bleibt immer dasselbe
und da haben wir Tschüss gesagt
es gab keinen Kuss
aber ich habe auch nicht danach gefragt

(Und ich bin fasziniert von den Dingen,
die nicht passieren
weil sie eine Wendung markieren)

Naemi Ntanguen

Naemi ist, wie ihr erster Name auf Arabisch übersetzt schon sagt, wie der Frühling. Freundlich und ruhig zieht ihre liebevolle Art ihre Kreise ganz von selbst. Stets ehrlich und für sich einstehend. Immer bereit für spannende Diskussionen und für philosophische Fragen. In meiner Familie ist sie nicht mehr wegzudenken. Egal ob als Freundin, Tante oder Gast. Alle freuen sich auf ein Wiedersehen – vor allem mein Sohn.

Ihre Gedichte sind für mich keine, die der Verstand versteht, sie sind Gefühle. Mitreißend, tiefgründig und ein Wunder in seiner eigenen Schönheit. Wie sie nur auf diese Gedichte kam, ist mir ein absolutes Rätsel und damit vermutlich genauso unerklärbar für den Verstand wie das Werk, das daraus entstand. Ich denke, wenn man es lernen wollen würde, so zu schreiben, würde man scheitern. Denn für mich sind es Gefühle und die versteht nun mal nur der Fühlende. Ohne falsche Bescheidenheit kann man hier eindeutig von wertvollem Talent sprechen.

Laura